# Retratos gatunos

*Textos*
Sébastien Perez

*Ilustraciones*
Benjamin Lacombe

EDELVIVES

# Preámbulo

¡Ah, el gato! ¡Misterioso animal!

Siempre ha suscitado verdadera fascinación, y ha dejado su huella en todas las culturas. Algunos lo consideran una divinidad; otros, un demonio. Pero hoy es, sin duda, el animal de compañía por excelencia.

Es posible que hayáis sucumbido ya a los encantos de alguna de esas bolas peludas y ronroneantes. Y seguro que os ha cautivado hasta tal punto que le habéis cedido vuestro sitio en el sofá.

Pero ¿os habéis preguntado alguna vez qué secretos pensamientos bullen tras su hipnótica mirada? ¿Qué ideas descabelladas se les pasan por la cabeza? ¿O si viven aventuras extraordinarias cuando no estáis delante?

Solo ellos lo saben. En este libro hemos imaginado quince jocosas historias gatunas, para vuestro deleite.

*Maxwell*

# El ascenso

Era Maxwell un felino tocado por la ambición.
No tenía pedigrí del que estar muy orgulloso
ni tampoco la belleza de los gatos de salón,
pero, como los de calle, era audaz y valeroso.

De su casa estaba harto, y era un tanto fatigoso
vaguear entre los tiestos, las butacas y el balcón.
Él quería remontar, contemplar un mundo hermoso,
coronar las altas cimas de un cerezo del Japón.

Desgarrando la corteza, puso en marcha su ascensión
rama a rama, *piano piano* —pero muy voluntarioso—,
y tan solo consintió disfrutar la sensación
culminada ya la copa del espléndido coloso.

Cuando quiso dar la vuelta, el asunto fue escabroso.
De repente, tanta altura no le dio buena impresión.
Se quedó paralizado, le entró pánico y, nervioso,
imploró que lo llevasen a su cesto del salón.

Hipólito

# Sin complejos

El día en que su dueña lo trajo en adopción
fue Hipólito el más vivo y alegre de los gatos.
La mujer lo adoraba y tenía arrebatos
de caricias y mimos, aunque fuera pelón.

¡Ah, la vida era hermosa! Hasta que llegó un día
un bípedo velludo que le robó su afecto.
El necio criticaba el anormal aspecto
del pobre gato calvo con pérfida ironía.

Su dueña lamentaba tan cínico gracejo,
pero se resignaba, por eso del amor.
Hipólito veía con miedo a aquel señor,
y, por si fuera poco, también le entró complejo.

Pero en la ducha, un día, por fin cantó victoria.
Al ver que el petimetre buscaba con el brazo
champú para lavar su espléndido pelazo,
le procuró otro frasco: ¡crema depilatoria!

*Raimundo*

# El desafío

«¡Estoy furibundo!», se indigna Raimundo.
«¡Si entraba hace un año! Esto es muy extraño.
¿Pues qué broma es esta?». El gato protesta.
Las patas traseras y las posaderas
ya están en el cesto, mas no le entra el resto.

Se estira el cachorro de la cola al morro;
suspira, se alarga y vuelve a la carga.
Cabeza adelante, la espalda ondulante,
mete el barrigón de una inspiración.
¡Así no hay manera: la cola está fuera!

Se siente retado, y cambia de lado.
Lo intenta al revés, juntando los pies;
y va al tresbolillo, de lado, en ovillo.
«¡Que no es mi capazo, me han dado el cambiazo!»
Por fin, da un bufido. ¡Raimundo ha cabido!

*Arístides*

# Tsunami

Arístides tenía una locura
que adquirió cuando aún era pequeño:
hacerse en el colchón la manicura.

Incrustando las uñas con vehemencia,
sin poder contener los ronroneos,
se daba a su balsámica apetencia.

De todos los colchones existentes,
—de látex o plumón, propios o ajenos—
amaba los que fuesen consistentes;

pero quedole corto el dormitorio
y decidió explorar el barrio entero,
a la conquista de otro territorio:

vio un señor encorvado y muy mayor,
y, sagaz, lo siguió a su apartamento...
Su colchón era de agua, ¡craso error!

Ofelia

# Puntero láser

A Ofelia, cazadora con estrella,
jamás se le escapaba ni una presa.
Pero ese insecto le causó sorpresa
porque corría cual fugaz centella.

Y eso que usaba un método infalible.
Se agazapaba y, con traidor sigilo,
cuando el incauto estaba más tranquilo,
saltaba con un ímpetu increíble.

Pero con ojos vivos y perplejos
veía que el trofeo había huido,
y se dolía por haber perdido,
mientras el bicho rechiflaba lejos.

Aún siguió dando caza al muy tunante
varias horas, y no bajó el listón,
agotando el espíritu burlón
de su dueño, ejemplar conferenciante.

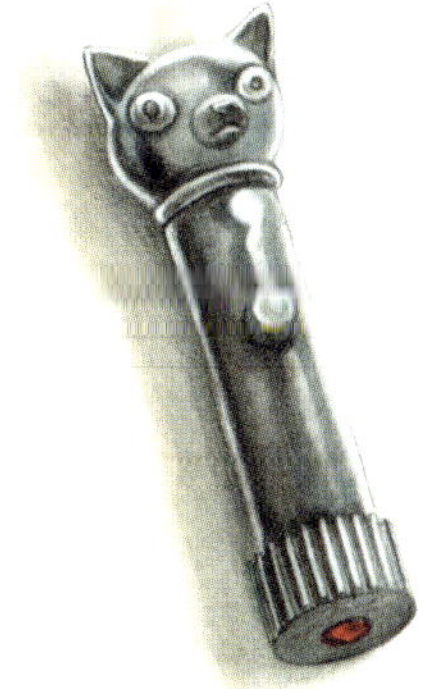

Sócrates

# Maneki-Neko

Sócrates no aguantaba más pedradas,
de modo que pensó: «Si me tiñera,
ya no sería blanco de trastadas
ni ataques por mi traje de pantera».

Tras varios siglos de continuo acoso,
tenía que rendirse a la evidencia:
«Ser gato negro no es muy provechoso:
el hombre te incomoda la existencia».

Dispuesto a poner fin a tal locura,
decidió visitar alguna obra
donde encontrar un cubo de pintura.
¡Y audaz acometió su maniobra!

El pobre se quedó petrificado.
Al fin, lo vio de lejos un viandante,
que se llevó la estatua ilusionado.
¡Traería la fortuna al restaurante!

Algunas supersticiones:
– El maneki-neko («gato que invita») es una escultura asiática tradicional que se coloca en las tiendas para atraer la fortuna.
– Ver un gato negro alejándose da mala suerte.

豪徳寺名物
招福そば
1.080円

Jalabert

# Gato niñera

Para calmar al bebé, que lloraba todo el rato,
Jalabert tenía claro cómo había que cuidarlo.
¿Por qué dejaban al pobre el día entero gritando?
Ya se encargaría él, que era experto en neonatos.
Pero nada más meter el hocico en ese cuarto,
su dueña se transformaba en un ogro despiadado.
El minino suponía que no había para tanto:
un bebé tan chiquitillo no podría hacerle daño.

Buscó Jalabert mil tretas para acercarse al humano.
Esperaba a que la madre entrara al cuarto de baño
o que cayera rendida con su novela en las manos,
y entonces se aproximaba, llevado por el olfato,
en busca de aquella leche de olor tan azucarado.
Pero en el acto la madre gritaba para ahuyentarlo.
Al fin, queriendo evitar que hiciera grandes estragos,
lo desterraron del cuarto con un sonoro portazo.

Virgile

# Ailurofilia

Todo el mundo sabía que doña Mónica
sentía por los gatos pasión platónica.
Cada vez que venía por estos lares,
le hacíamos cucadas y malabares:

frotando la cabeza contra su pierna,
saltando a su entrañable falda materna,
brindando a sus rodillas tiernos masajes,
soltando ronroneos como salvajes.

Sus favoritos eran, cosa evidente,
Lucifer y Afrodita, también Vicente.
No sabría explicarlo, pero detecto
que yo no le inspiraba ningún afecto.

Hoy la señora estaba con buen salero,
pero han llamado al timbre y era el cartero,
y no sé exactamente qué ha sucedido,
que de pronto he empezado a dar ladridos.

Kirlee

# Supersticiones

Jamás Kirlee olvidaba que en su aseo
tenía que lavarse las orejas,
pues ¿cómo puede un gato estar sereno
con tanta suciedad en sus antenas?

Kirlee tenía un método sin par.
Se lamía del codo a la almohadilla
y frotaba la oreja por detrás
con la pata, dejándola muy limpia.

—¡No vuelvas a hacer eso! —le decían—.
¡Va a descargar, si sigues, la tormenta!
Intentaban entonces disuadirla
azotando el parqué con contundencia.

Pero esta vez se hartó la dulce gata
que, lanzando un bufido, fue hacia el fuego.
Bravucona, se colocó de espaldas,
y arreciaron de pronto horribles truenos.

Algunas supersticiones:
—Cuando un gato se sienta de espaldas al fuego, significa que se avecina una tormenta.
—Cuando un gato se pasa la pata detrás de la oreja, es señal de que va a llover.

Mozart

# El pianista

Desde cachorro ya, Mozart demostraba cierto apego
por el sonido que emite el teclado blanco y negro.
Se convirtió en un experto del arte del pisoteo.
Le gustaba componer improvisados arreglos.
A veces ejecutaba corriendo como un poseso,
o bien pegaba saltitos o lindos pasos alternos.
Y causaba sensación siempre que daba un concierto:
dejaba, con su talento, al público boquiabierto.

Mas el maestro no estaba lo que se dice contento,
porque cierto personaje no dudaba en distraerlo;
un bichillo que acercaba el hocico, muy molesto,
aguzaba los oídos y se las daba de experto.
Meneando la cabeza, escuchaba muy atento
y, arrancándose a cantar, entonaba con denuedo
una extraña melodía como de *blues* lastimero.

Paul y Gaétan

# El precio justo

Al ver sus ojillos y el negro antifaz,
la pequeña se encandila.
Mirando a su madre, Marion, contumaz,
le suelta una retahíla:

—Prometo ser buena, tomarme la cena
y no gritar ni una vez,
sacar buenas notas, limpiarme las botas,
y cuidarte en la vejez.

—Oh, míralo, vamos —responde mamá—.
No se aparta de su hermano.
¿Vas a separarlos? Qué lástima da.
Y yo para dos no gano.

El hombre intercede, propone un buen trato
con un sensato argumento:
—Tranquila, señora, verá qué barato.
Por los dos le hago un descuento.

Samuel, Huberto y Gastón

# La camada

Allí los tres apiñados en un único montón,
Samuel, Huberto y Gastón estaban desconcertados.
¡Qué curiosa sensación!
No eran más que unos cachorros muy poco experimentados
y contemplaban pasmados la inminente inundación.

Aquella horrible marea los había entumecido.
Gastón empezó a maullar, Huberto soltó un bufido,
y Samuel, que era el mayor, buscaba en vano una idea.
¡Estaba todo perdido!
La cosa pintaba fea y se hizo pis, abatido.

Ahora el agua ya empezaba a caer desde lo alto,
y los gatitos plegaron las orejas hacia atrás.
Samuel intentó un zarpazo en un homérico asalto.
Pero el agua, de repente, dejó de correr y, ¡zas!,
su dueño empezó a frotarlos, ¡y con jabón, además!

Evi

# Buenas migas

Al ver cómo ondeaban las rojizas aletas,
sintió curiosidad. «¡Caramba, qué sorpresa!
¡Qué juguete más *díver*!», y saltó de contenta.
Evi no se esperaba una cosa tan bella.

¿Por qué la guardarían de forma tan compleja,
metida en ese envase que hacía de barrera?
Tendría que mojarse para jugar con ella.
Al fin, se le ocurrió una brillante idea:

sacar del recipiente el agua tan molesta.
Se inclinó y empezó a lamer la pecera.
Tenía buen sabor, ¡y estaba tan hambrienta!
¿Sería aquel regalo el plan de su merienda?

Al tiempo que lamía, absorta y muy dispuesta,
el pez le plantó a Evi un beso sin vergüenza.
Le gustó tanto aquella carantoña sincera,
que pensó que comerlo no valía la pena.

Nikki

# La gata y el ratón

Buscando la ciudad y el céntrico bullicio,
la gata Nikki osó abandonar su hospicio.
Logró ganar muy pronto sustento alimenticio
colándose en las casas con tiento y maestría.

También abastecía al alma sufridora
que hallase en su camino, pues era protectora
de todo cachorrillo y su progenitora
que deambulasen solos por la ciudad sombría.

Merced a su viveza y a su garra severa,
se fue labrando fama de feroz justiciera.
Luchaba contra gatos y chuchos por doquiera,
cortando por lo sano sus viles tropelías.

Retaba a todo aquel que fuera su adversario,
saltándose la ley en caso necesario.
Al fin, se enamoró, de modo involuntario:
era un ratón con alas de ardiente valentía.

# Índice enciclopédico

# A

Angora (Isidoro)
Origen: Turquía
Tamaño: entre 30 y 35 cm
Peso: entre 2,5 y 5 kg
Color: todos
Particularidad: pelo semilargo; collarín de pelo largo alrededor del cuello
Carácter: activo, juguetón y curioso

*Muy utilizado en circos para realizar acrobacias. Es inteligente y le gusta complacer a su dueño.*

P 60

# B

Balinés (Evi)
Origen: Estados Unidos
Tamaño: entre 30 y 35 cm
Peso: entre 2 y 5 kg
Color: *colorpoint* (pelaje de color oscuro en los extremos: antifaz, orejas, cola y extremidades de las patas)
Particularidad: cabeza triangular
Carácter: cariñoso, fiel y parlanchín

*Es fruto del cruce con los gatos persas. Recibió este nombre por los movimientos de su cuerpo, tan gráciles como los de las bailarinas de Bali.*

P 56

Bobtail (Sócrates)
Origen: Japón
Tamaño: unos 30 cm
Peso: entre 3 y 5 kg
Color: todos menos chocolate, lila y *colorpoint*
Particularidad: rabo corto y enroscado
Carácter: independiente y curioso

*Gato venerado en los países del Extremo Oriente. Se le suele representar con la pata delantera izquierda levantada, para atraer la buena suerte y la felicidad.*

P 28

Bombay (Nikki)
Tamaño: unos 30 cm
Peso: entre 3 y 4 kg
Color: negro
Particularidad: pelaje de color únicamente negro
Carácter: cariñoso y generoso

*Este cazador innato, con andares de pantera y ojos penetrantes, posee, además, un gran corazón.*

P 64

# C

Callejero (Maxwell, Samuel, Huberto y Gastón)
Orígenes: múltiples
Tamaño: variable
Peso: variable
Color: todos
Particularidades: diversas
Carácter: diversos

*También conocido como «gato europeo», es el gato del que proceden todas las razas estándar. Sin embargo, para su desgracia, se le considera un gato vulgar y corriente.*

P 8 & P 52

Callejero afectado de enanismo felino y maloclusión dental (Arístides)
Orígenes: múltiples
Tamaño: variable
Peso: variable
Color: todos
Particularidades: diversas
Carácter: diversos

*Pese a esta desventaja, que le da un aspecto malhumorado, es tan pizpireto como cualquier otro gato y está dispuesto a comerse el mundo.*

P 20

Carey o tortuga (Kirlee)
Orígenes: múltiples
Tamaño: variable
Peso: variable
Color: manchas oscuras, rojizas y blancas
Particularidad: son hembras casi exclusivamente
Carácter: diversos

*Luce un magnífico traje multicolor. Tiene reputación de arisco y un temperamento fogoso.*

P 40

# D

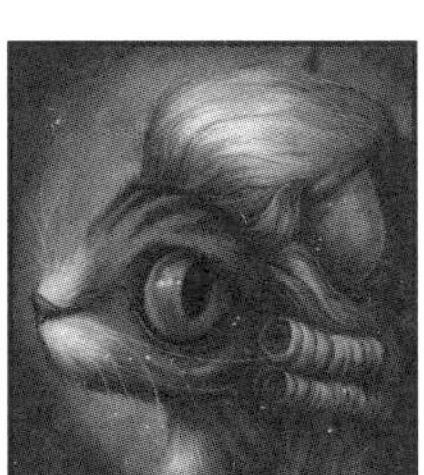

Devon Rex (Mozart)
Origen: Reino Unido
Tamaño: entre 30 y 35 cm
Peso: entre 3 y 4,5 kg
Color: todos
Particularidad: grandes orejas triangulares
Carácter: excéntrico y muy sensible

*Con su aspecto de duende, es todo un acróbata y muy juguetón. Tolera la presencia de los perros sin enfrascarse en reyertas.*

P 44

## E

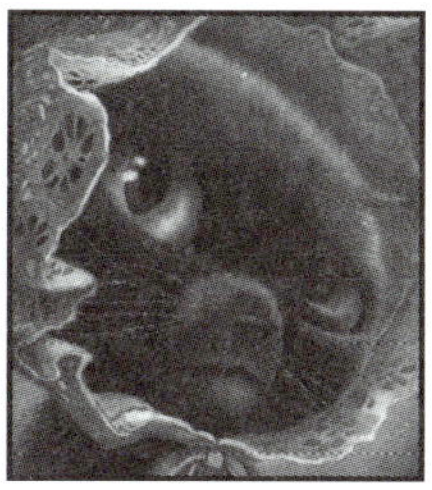

Escocés (Jalabert)
Origen: Escocia
Tamaño: unos 30 cm
Peso: entre 3 y 5 kg
Color: todos menos chocolate, lila y siamés
Particularidad: orejas pequeñas plegadas hacia delante
Carácter: tranquilo y reflexivo

*Gato muy adepto a la vida en familia. Su dueño es para él la niña de sus ojos. Pero que nadie venga a buscarle las cosquillas...*

P 32

Esfinge (Hipólito)
Origen: Canadá
Tamaño: entre 30 y 35 cm
Peso: entre 3 y 5 kg
Color: todos
Particularidad: no tiene pelo
Carácter: cariñoso, le gusta vivir en sociedad

*Busca la seguridad y las caricias. Es una verdadera lapa y no deja a su dueño ni a sol ni a sombra.*

P 12

## P

Pelicorto inglés (Ofelia)
Origen: Gran Bretaña
Tamaño: entre 30 y 35 cm
Peso: entre 4 y 8 kg
Color: todos
Particularidades: cabeza en forma de manzana y ojos muy redondos
Carácter: tranquilo y curioso

*Gato de cuerpo redondo, robusto y fortachón. Es un cazador temible y posee una voluntad de hierro.*

P 24

Persa (Raimundo)
Origen: Reino Unido
Tamaño: unos 30 cm
Peso: entre 3 y 5 kg
Color: todos
Particularidad: pelo sedoso y fino
Carácter: tranquilo y pausado

*Su pelaje es tan abundante que se diría un cojín. Tiene un apego especial por el confort hogareño.*

P 16

## S

Shar-Peï (Virgile)
Origen: China
Tamaño: entre 48 y 59 cm
Peso: entre 18 y 30 kg
Color: gris, chocolate o rojizo
Particularidades: exceso de piel y lengua blanca
Carácter: juguetón pero tranquilo, fiel y cariñoso

*Orgulloso y delicado, da muestras de cariño comedidas. Es, sin lugar a dudas, el más gatuno de los perros.*

P 36

Siamés (Paul y Gaétan)
Origen: Tailandia
Tamaño: unos 30 cm
Peso: entre 2 y 6 kg
Color: marrón, azul, chocolate, lila y *colorpoint* de pelo corto
Particularidad: ojos azules
Carácter: cariñoso y parlanchín

*Le cuesta tolerar la compañía de otros gatos. Es posesivo y celoso con su dueño.*

P 48

*A nuestros amigos de 4 patas Lisbeth y Virgile, que a veces se creen gatos y nos traen de cabeza.*
*Y a mi amor, con el que viviría esta vida y las 8 siguientes.*

Benjamin Lacombe

A mi gatito...

Sébastien Perez

Tercera edición: febrero 2017

Traducción: Elena Gallo Krahe

Título original: *Facéties de chats*


ISBN: 978-84-140-0174-5
Depósito legal: Z 1286-2015

Impreso en Francia